AF234183

ORDONNANCE
DU ROI,
CONCERNANT
L'INFANTERIE
FRANÇOISE.

Du 26 Avril 1775.

A VERSAILLES,

DE L'IMPRIMERIE DU ROI. DÉPARTEMENT DE LA GUERRE.

M. DCCLXXV.

ORDONNANCE DU ROI,

Concernant l'Infanterie Françoise.

Du 26 Avril 1775.

DE PAR LE ROI.

SA MAJESTÉ voulant donner à ses régimens d'Infanterie Françoise une constitution qui lui a paru plus avantageuse au bien de son service, a ordonné & ordonne ce qui suit :

ARTICLE PREMIER.

LES régimens de Picardie, Champagne, Navarre, Piémont, Normandie, la Marine, Béarn, Bourbonnois, Auvergne, Flandre, Guyenne, & celui de Sa Majesté, seront conservés à quatre bataillons.

2.

LES régimens de Royal, Poitou, Lyonnois, Dauphin,

A

Aunis, Touraine & Aquitaine seront dédoublés pour former quatorze Régimens de deux bataillons chacun.

S A V O I R :

LES premier & troisième bataillons du régiment Royal formeront à l'avenir le régiment Royal.

Les second & quatrième bataillons dudit Régiment formeront un Régiment de deux bataillons, qui sera mis sous le titre de la province de Brie.

Les premier & troisième bataillons du régiment de Poitou formeront le régiment de Poitou.

Les second & quatrième bataillons dudit Régiment formeront un Régiment qui sera mis sous le titre de la province de Bresse.

Les premier & troisième bataillons du Régiment de Lyonnois formeront le régiment de Lyonnois.

Les second & quatrième bataillons de ce Régiment formeront un Régiment qui sera mis sous le titre de la province du Maine.

Les premier & troisième bataillons du régiment Dauphin formeront le régiment Dauphin.

Les second & quatrième bataillons de ce Régiment formeront un Régiment qui sera mis sous le titre de la province du Perche.

Les premier & troisième bataillons du régiment d'Aunis formeront le régiment d'Aunis.

Les second & quatrième bataillons de ce Régiment formeront un Régiment qui sera mis sous le titre de la province du Bassigny.

Les premier & troisième bataillons du régiment de Touraine formeront le régiment de Touraine.

Les second & quatrième bataillons de ce Régiment formeront un Régiment qui sera mis sous le titre de Savoie.

Les premier & troisième bataillons du Régiment d'Aquitaine formeront le régiment d'Aquitaine.

Les second & quatrième bataillons de ce Régiment formeront un régiment qui sera mis sous le titre de la province d'Anjou.

3.

LES régimens d'Eu, de Dauphiné, Isle de France, Soissonnois, la Reine, Limosin, Royal-Vaisseaux, Orléans, la Couronne, Bretagne, Lorraine, Artois, Berry, Haynault, la Sarre, la Fere, Royal-Roussillon, Condé, Bourbon, Beauvoisis, Rouergue, Bourgogne, Royal-Marine, Vermandois, Languedoc, Beauce, Médoc, Vivarais, Vexin, Royal-Comtois, Beaujollois, Monsieur, Penthièvre, Boulonnois, Foix, Quercy, Chartres, Conti & Enghien seront conservés à deux bataillons.

4.

LES régimens d'Angoumois, Périgord & Saintonge seront portés à l'avenir à deux bataillons, au moyen des Régimens que Sa Majesté a résolu d'y faire incorporer.

S A V O I R :

LE régiment de Forez dans le régiment d'Angoumois ; le régiment de la Marche dans Périgord, lequel portera à l'avenir le nom de Mons. le Comte de la Marche ; & le régiment de Cambresis dans le régiment de Saintonge.

A l'égard du régiment de Tournaisis, Sa Majesté a jugé à propos de l'incorporer dans le régiment Royal-Italien, ainsi qu'il sera expliqué par l'Ordonnance particulière qu'Elle fera rendre à cet effet.

4

Au moyen de quoi il y aura douze Régimens de quatre bataillons, & cinquante-six de deux bataillons.

5.

VEUT Sa Majesté que les Régimens dédoublés prennent rang immédiatement après les Régimens d'où ils auront été tirés, & dans l'ordre où ils sont nommés dans les articles précédens.

6.

SA MAJESTÉ voulant établir l'uniformité dans le prix des Régimens de son Infanterie Françoise, donnera ses ordres pour faire réduire ou augmenter, à mesure que les circonstances le permettront, le prix des Régimens qu'Elle a résolu de conserver sur pied, jusqu'à ce que le régiment de Picardie & ceux qui le suivent, jusques & compris le régiment de la Fere, à la réserve de son Régiment & de ceux qui ont à leur tête des Princes de son Sang, soient tous à quarante mille livres, & que le régiment Royal-Roussillon & ceux qui le suivent, jusques & compris celui de Saintonge, soient tous à vingt mille livres.

7.

CHAQUE bataillon d'Infanterie Françoise continuera d'être composé d'une compagnie de Grenadiers & de huit compagnies de Fusiliers, indépendamment d'une compagnie de Chasseurs, lorsque Sa Majesté jugera à propos de la créer.

Sa Majesté fera d'ailleurs connoître ses intentions en temps de guerre, sur l'établissement d'un dépôt de recrues pour chacun des Régimens qui serviront à l'armée.

8.

CHACUNE des compagnies des Grenadiers sera, soit en temps de paix, soit en temps de guerre, commandée par un Capitaine, un Lieutenant & un Sous-lieutenant ; & composée d'un Fourrier, de deux Sergens, quatre Caporaux, quatre Appointés, quarante Grenadiers & un Tambour.

Les quatre Caporaux, les quatre Appointés & les quarante Grenadiers seront distribués en quatre escouades de douze hommes chacune, dont un Caporal & un Appointé. La première & la troisième de ces escouades formeront la première division, à laquelle sera attaché le premier Sergent. La seconde & la quatrième escouades formeront la seconde division, à laquelle sera attaché le second Sergent. La première division sera subordonnée au Lieutenant, & la seconde, au Sous-lieutenant. Ces deux Officiers en rendront compte tous les jours au Capitaine, qui en répondra au Major, le Major au Colonel, & en son absence, au Lieutenant-colonel.

9.

L'INTENTION de Sa Majesté est que les Grenadiers qui viendront à manquer continuent d'être remplacés sur le champ par les compagnies de Fusiliers, chacune à leur tour, en choisissant les plus beaux hommes & ceux dont la bonne conduite & la valeur mériteront la préférence.

10.

CHACUNE des compagnies de Fusiliers sera commandée en tout temps par un Capitaine, un Lieutenant & un Sous-lieutenant, & composée, en temps de paix, d'un

Fourrier, de trois Sergens, six Caporaux, six Appointés,
quarante-deux Fusiliers, deux Tambours, Fifres ou Clarinets; de manière qu'il y ait dans quatre Compagnies un
Tambour & un Musicien, & dans les quatre autres, deux
Tambours sans Clarinets ni Fifres; l'intention de Sa Majesté étant qu'il n'y ait jamais plus de quatre Musiciens par
bataillon.

Sa Majesté donnera ses ordres, à la première augmen-
tation qu'Elle jugera à propos de faire dans son Infanterie,
pour créer un Sergent, deux Caporaux & deux Appointés; de façon qu'alors chaque compagnie de Fusiliers se
trouvant commandée par le même nombre d'Officiers, soit
composée d'un Fourrier, de quatre Sergens, huit Caporaux, huit Appointés, du nombre de Fusiliers que Sa
Majesté se réserve de fixer, & de deux Tambours, Clarinets ou Fifres, divisés en huit escouades.

I I.

CHAQUE compagnie de Fusiliers sur le pied de soi-
xante hommes, réglé pour le temps de paix par l'article
précédent, sera divisée en six escouades composées chacune de neuf hommes, dont un Caporal & un Appointé.
Les Fusiliers seront rangés en bataille par rang de taille,
chacun dans leurs Compagnies.

La première & la quatrième escouades formeront une
première subdivision, à laquelle sera attaché le premier
Sergent. La seconde & la cinquième escouades formeront
une seconde subdivision, à laquelle sera attaché le second
Sergent; & la troisième & sixième escouades formeront
la troisième subdivision, à laquelle sera attaché le troisième Sergent. Ces différentes subdivisions seront com-

mandées par le Lieutenant & le Sous - lieutenant. Ces deux Officiers en rendront compte tous les jours au Capitaine ou Chef de bataillon, qui en répondra au Major, le Major au Colonel, & en son absence, au Lieutenant-colonel. L'intention de Sa Majesté étant d'ailleurs que l'Aide-major de chaque bataillon rende compte au Lieutenant-colonel, lorsque, le Colonel étant présent, le compte ne lui sera pas rendu par le Major.

12.

SA MAJESTÉ ayant jugé à propos d'etablir des Chefs de bataillons dans chacun des bataillons de son Infanterie Françoise & Etrangére, par son Ordonnance du 28 Juin 1774, & voulant expliquer ses intentions sur le grade & les prérogatives desdits Chefs de bataillons, a réglé qu'ils seront reçus, en cette qualité, à la tête de leur bataillon, par le Commandant du Régiment.

Qu'ils seront exempts du service de Capitaine, & commandés, comme Officiers supérieurs, pour la discipline intérieure du Régiment. Ils seront alors accompagnés par un Sous-aide-major.

L'ordre leur sera porté par le Sous-aide-major de leur bataillon, & l'Aide-major leur rendra compte, à la parade, de ce qui se sera passé dans leur bataillon : ce qui ne dispensera pas lesdits Chefs de bataillons, ainsi que les autres Capitaines, de rendre un compte direct de leur Compagnie, au Major, jusqu'à ce que Sa Majesté ait jugé à propos d'y nommer des Capitaines-commandans, conformément à l'Ordonnance du 28 Juin 1774.

Lesdits Chefs de bataillons seront subordonnés à tous Lieutenans-colonels & Majors titulaires.

L'intention de Sa Majesté est qu'ils portent, pour marque distinctive, une épaulette avec une frange simple, & non à nœuds de cordelières, en or aux épaulettes d'argent, & en argent aux épaulettes d'or; & qu'au surplus les dispositions de son Ordonnance du 28 Juin 1774, pour leur établissement, soient exécutées en tout ce qui ne sera pas contraire à ce qui est réglé ci-dessus.

Veut également Sa Majesté que l'Ordonnance particulière rendue le 28 Juin 1774, pour l'établissement des Chefs de bataillons dans son régiment d'Infanterie, ait son entière exécution.

13.

L'ÉTAT-MAJOR de chaque régiment d'Infanterie Françoise continuera d'être composé d'un Colonel, un Lieutenant-colonel & un Major, d'un Chef de bataillon, un Aide-major & un Sous-aide-major, de deux Porte-drapeaux par bataillon, d'un Quartier-maître, un Aumônier, un Chirurgien, un Tambour-major & un Armurier par Régiment.

14.

SA MAJESTÉ persuadée de l'utilité du Réglement du 29 Avril 1758, & de l'Ordonnance du 22 Mai 1759, pour établir qu'aucun Officier ne pourra être pourvu d'un Régiment, qu'il n'ait auparavant servi au moins pendant sept ans, dont deux en qualité de Lieutenant, d'Enseigne, de Sous-lieutenant ou de Cornette, & cinq en celle de Capitaine dans l'Infanterie, la Cavalerie ou les Dragons, & qu'il n'ait 23 ans révolus, veut que ledit Réglement soit exactement suivi par la suite.

Sa Majesté a bien voulu cependant excepter de cette règle les Officiers de son régiment d'Infanterie, auxquels, après vingt-trois ans accomplis, Elle veut bien qu'il soit tenu compte de leur service dans sondit Régiment, en qualité d'Officiers subalternes, comme s'ils avoient rempli, dans le grade de Capitaine, le temps prescrit par la présente Ordonnance.

15.

Le maintien de la discipline & de la subordination dans un Corps nombreux, exigeant une expérience consommée dans les Colonels auxquels Sa Majesté jugera à propos d'en confier le commandement, elle a réglé qu'aucun Colonel ne pourra être pourvu d'un des douze Régimens de quatre bataillons qu'Elle conserve sur pied, qu'il n'ait été, au moins pendant trois ans, Colonel d'un Régiment de deux bataillons.

16.

L'intention de Sa Majesté étant de ne juger au service que les Officiers qui sont dans une activité réelle, Elle déclare qu'à l'avenir tout Colonel qui quittera ou cédera son Régiment avant d'être parvenu au grade de Maréchal-de-camp, ne pourra prétendre à avoir part aux promotions ni à aucune autre grace militaire, devant être considéré comme hors de service.

17.

Le peu d'utilité & les inconvéniens qui ont résulté de la nomination des Colonels en second dans quelques régimens d'Infanterie Françoise, ont déterminé Sa Majesté à régler qu'il n'en sera plus nommé à l'avenir dans ces Régimens, & que ceux qui y sont attachés actuellement en cette qualité, ne pourront par la suite y faire aucun service.

A v

18.

LA multiplicité des commiffions de Colonel , qui , en rendant ce grade plus commun qu'il ne devroit l'être , contribue à diminuer l'opinion que l'on doit avoir des grades qui lui font inférieurs , détermine Sa Majefté à régler , qu'à l'exception des Colonels par commiffion dans les Compagnies d'ordonnance du Corps de la Gendarmerie de France fervant à fa garde , & dans les autres Compagnies d'ordonnance de ce Corps de la Gendarmerie , dans les régimens des Gardes Françoifes & Suiffes , & dans fon régiment d'Infanterie , tous les Colonels ou Meftres-de-camp qui fe trouveront attachés , avec troupe ou fans troupe , & par de fimples commiffions , à la fuite de l'Infanterie , de la Cavalerie , des Dragons ou des Troupes-légères , ne pourront concourir aux promotions , ni faire ufage de l'ancienneté de leur date de commiffion , qu'après être parvenus aux charges de Colonels , Lieutenans-colonels ou Majors titulaires , & les avoir exercées l'efpace de fix ans en temps de paix , ou pendant trois ans en temps de guerre , ou enfin après avoir rempli , pendant le même temps , une des places des Etats-majors des armées : fe réfervant cependant Sa Majefté d'avancer ceux defdits Colonels ou Meftres-de-camp par commiffion , qui , ayant troupe , auront mérité particulièrement cette grace.

A l'égard des Colonels réformés qui exiftent actuellement , foit qu'ils aient eu des Régimens , foit qu'ils aient été compris dans la réforme du Corps des Grenadiers de France , foit qu'ils aient obtenu la commiffion de Colonel , par une fuite de leurs fervices dans les Etats-majors des armées pendant la dernière guerre , Sa Majefté veut bien qu'ils puissent concourir avec égalité dans les promotions avec les Colonels qui sont actuellement titulaires; mais Elle attend de leur zèle, que, pour continuer à s'instruire, & ne point perdre de vue le service, ils se rendent dans une grande garnison, à leur choix, pour y faire le service d'Officiers supérieurs, pendant les mois de Juillet, Août & Septembre, en y portant l'uniforme réglé pour les Colonels réformés. Enjoint Sa Majesté aux Commandans pour son service dans lesdites places, de donner régulièrement avis au Secrétaire d'Etat ayant le département de la Guerre, de l'arrivée & du départ desdits Colonels, afin qu'Elle soit informée de ceux qui auront donné cette preuve de leur zèle.

19.

SA MAJESTÉ considérant que le bien de son service exige que les charges de Lieutenans-colonels & de Majors des Régimens soient remplies par les sujets les plus distingués, tant par leurs services que par leurs talens, Elle continuera de s'en réserver le choix, voulant cependant favoriser, autant qu'il se pourra, l'ancienneté, qui, à mérite égal, doit obtenir la préférence. Elle a réglé que les Lieutenans-colonels seront choisis indistinctement dans le nombre des Majors, Chefs de bataillons & Capitaines de Grenadiers de son Infanterie, & que les Majors seront également choisis indistinctement dans le nombre des Chefs de bataillons, des Capitaines de Grenadiers, des Capitaines de Fusiliers & des Aides-major ayant commission de Capitaine; voulant au surplus Sa Majesté qu'aucun Officier ne puisse parvenir à la charge de Major, qu'après avoir servi l'espace de vingt ans révolus.

20.

AUCUN Officier ne pourra parvenir à la charge de Major du Régiment dans lequel il servira. Veut bien cependant Sa Majesté qu'un Officier parvenu à la Majorité puisse être nommé à la place de Lieutenant - colonel dans le Régiment où il aura été nommé Major, ou dans celui où il aura servi précédemment, pourvu toutefois qu'il ait exercé, pendant quatre ans au moins, la charge de Major; voulant bien Sa Majesté que la commission de Lieutenant - colonel lui soit accordée après l'exercice de quatre ans de ladite charge de Major.

21.

L'INCONVÉNIENT qui résulte du commandement établi dans l'Infanterie par ancienneté de Régiment, a déterminé Sa Majesté à l'abolir, & à régler que le commandement appartiendra à l'avenir, dans toute l'Infanterie, aux plus anciens Officiers, suivant la date de leurs lettres ou commissions; dans le cas seulement où deux ou plusieurs Officiers se trouveroient être de même date, alors celui du plus ancien Régiment prendra le commandement.

22.

EN conséquence de cette nouvelle disposition, les Capitaines de Grenadiers ne pourront prétendre au commandement, à l'exclusion des Capitaines de Fusiliers, que lorsqu'ils se trouveront les plus anciens de date de commission de Capitaine.

23.

VEUT Sa Majesté qu'il en soit usé de même entre les

Colonels, Lieutenans-colonels, Majors & Chefs de bataillons, qui ne pourront prétendre à l'avenir au commandement dans leurs grades respectifs, qu'en vertu de la date
de leurs commissions, lettres ou brevets, & réclamer
ledit commandement sur le rang de leurs Régimens dans
l'Infanterie, que dans le cas seulement où ils se trouveroient de même date.

24.

SA MAJESTÉ veut bien permettre que pendant la paix
il soit accordé deux emplois de Sous-lieutenans surnumé-
raires sans appointemens, par bataillon, sans que ce nombre puisse être augmenté.

25.

L'INTENTION de Sa Majesté est que les Fourriers,
Sergens, Caporaux & Fusiliers continuent à faire le service, comme ci-devant, & à commander entr'eux suivant
le rang du Régiment dans lequel ils serviront, & sans
avoir égard à leur ancienneté personnelle.

26.

SA MAJESTÉ n'entend rien changer à ce qui a été réglé par l'Ordonnance du 10 Décembre 1762, concernant l'Infanterie Françoise, sur le rang & l'autorité des
différens grades des Officiers & Bas-officiers de ses régimens d'Infanterie, qui doit être suivi en tout ce qui
ne se trouvera point contraire aux dispositions de la présente Ordonnance.

27.

VOULANT Sa Majesté expliquer ses intentions sur le
choix des Bas-officiers, elle a réglé que:

Lorsqu'il vaquera une place de Fourrier de Grenadiers, celui qui devra la remplir sera choisi dans le nombre des Sergens de Grenadiers, ou de ceux des Compagnies de Fusiliers.

Lorsqu'il vaquera une place de Sergent de Grenadiers, il sera choisi dans le nombre des Caporaux de Grenadiers, ou dans celui des Sergens de Fusiliers.

Et lorsqu'il vaquera une place de Caporal de Grenadiers, il sera choisi dans le nombre des Grenadiers, ou des Caporaux des compagnies de Fusiliers qui auront été tirés précédemment desdites compagnies de Grenadiers.

28.

ON se conformera, pour le choix des Fourriers, Sergens & Caporaux des compagnies de Fusiliers, aux dispositions des articles 38, 39 & 40 de ladite Ordonnance du 10 Décembre 1762, à la réserve cependant des Fourriers, qui seront choisis dans le nombre des Sergens; l'Ordonnance du 13 Août 1765 attribuant auxdits Fourriers l'autorité supérieure sur tous les Sergens.

29.

LE Tambour-major continuera d'avoir l'autorité, & de veiller sur la conduite des Tambours, Clarinets ou Fifres. Mais Sa Majesté veut encore que les Fourriers, Sergens & Caporaux de chaque compagnie veillent également sur la conduite des Tambours, Clarinets ou Fifres de leur compagnie, de même que sur celle des Soldats, & que lesdits Tambours & Musiciens vivent en chambrée dans leur Compagnie, & qu'ils y couchent.

30.

Sa Majesté ayant jugé à propos de régler une paye de paix & une paye de guerre à ses régimens d'Infanterie Françoise, en conséquence Elle veut que les appointemens & solde soient payés auxdits régimens d'Infanterie Françoise sur le pied,

SAVOIR:

COMPAGNIES	EN TEMPS DE PAIX.			EN TEMPS DE GUERRE.		
	Par jour.	Par mois.	Par an.	Par jour.	Par mois.	Par an.
	l. f. d.	l. f. d.	l.	l. f. d.	l. f. d.	l.
de Grenadiers.						
A chaque Capitaine, cinq livres en temps de paix, & sept livres dix sous en temps de guerre, ci	5	150	1800	7 10	225	2700
A chaque Lieutenant, deux livres dix sous en temps de paix, & trois livres six sous huit deniers en temps de guerre, ci	2 10	75	900	3 6 8	100	1200
A chaque Sous-lieutenant, une livre treize sous quatre deniers en temps de paix, & deux livres dix sous en temps de guerre, ci	1 13 4	50	600	2 10	75	900
A chaque Fourrier, treize sous quatre deniers en temps de paix, & treize sous huit deniers en temps de guerre, ci	13 4	20	240	13 8	20 10	246
A chaque Sergent, douze sous quatre deniers en temps de paix, & douze sous huit deniers en temps de guerre, ci	12 4	18 10	222	12 8	19	228
A chaque Caporal, huit sous huit deniers en temps de paix, & neuf sous en temps de guerre, ci	8 8	13	156	9	13 10	162
A chaque Appointé, sept sous huit deniers en temps de paix, & huit sous en temps de guerre, ci	7 8	11 10	138	8	12	144
A chaque Grenadier ou Tambour, six sous huit deniers en temps de paix, & sept sous en temps de guerre, ci	6 8	10	120	7	10 10	126
Compagnie de Fusiliers.						
A chaque premier Capitaine-factionnaire de chaque bataillon, cinq livres en temps de paix, & sept livres dix sous en temps de guerre, ci	5	150	1800	7 10	225	2700
A chacun des second & troisième Capitaines-factionnaires de chaque bataillon, quatre livres onze sous huit deniers en temps de paix, & sept livres un sou huit deniers en temps de guerre, ci	4 11 8	137 10	1650	7 1 8	212 10	2550

	En temps de paix.			En temps de guerre.		
	Par jour.	Par mois.	Par an.	Par jour.	Par mois.	Par an.
	l. s. d.	l. s. d.	l.	l. s. d.	l. s. d.	l.
A chacun des autres Capitaines, quatre livres trois sous quatre deniers en temps de paix, & six livres treize sous quatre deniers en temps de guerre, ci	4 3 4	125	1500	6 13 4	200	2400
A chaque Capitaine commandant les compagnies Colonelle & Lieutenante-colonelle, deux livres quatre sous cinq deniers un tiers en temps de paix, & trois livres dix sous en temps de guerre, ci	2 4 5⅓	66 13 4	800	3 10	105	1260
A chaque Lieutenant, une livre treize sous quatre deniers en temps de paix, & deux livres quinze sous six deniers deux tiers en temps de guerre, ci	1 13 4	50	600	2 15 6⅔	83 6 8	1000
A chaque Sous-lieutenant, une livre dix sous en temps de paix, & deux livres quatre sous cinq deniers un tiers en temps de guerre, ci	1 10	45	540	2 4 5⅓	66 13 4	800
A chaque Fourrier, douze sous quatre deniers en temps de paix, & douze sous huit deniers en temps de guerre, ci	12 4	18 10	222	12 8	19	228
A chaque Sergent, onze sous quatre deniers en temps de paix, & onze sous huit deniers en temps de guerre, ci	11 4	17	204	11 8	17 10	210
A chaque Caporal, sept sous huit deniers en temps de paix, & huit sous en temps de guerre, ci	7 8	11 10	138	8	12	144
A chaque Appointé, six sous huit deniers en temps de paix, & sept sous en temps de guerre, ci	6 8	10	120	7	10 10	126
A chaque Fusilier ou Tambour, cinq sous huit deniers en temps de paix, & six sous en temps de guerre, ci	5 8	8 10	102	6	9	108
A chaque Fifre ou Clarinet, six sous huit deniers en temps de paix, & sept sous en temps de guerre, ci	6 8	10	120	7	10 10	126
Etat-major.						
A chaque Colonel, indépendamment de ses appointemens de Capitaine, huit livres six sous huit deniers en temps de paix, & dix livres en temps de guerre, ci	8 6 8	250	3000	10	300	3600
A chaque Lieutenant-colonel, indépendamment de ses appointemens de Capitaine, cinq livres onze sous un denier un tiers en temps de paix, & huit livres six sous huit deniers en temps de guerre, ci	5 11 1⅓	166 13 4	2000	8 6 8	250	3000
A chaque Major des Régimens de quatre bataillons, y compris celui du Régiment de Sa Majesté, qui ne recevra rien comme Major de brigade, huit livres six sous huit deniers en temps de paix, & douze livres dix sous en temps de guerre, ci	8 6 8	250	3000	12 10	375	4500

	EN TEMPS DE PAIX			EN TEMPS DE GUERRE		
	Par jour. (l. f. d.)	Par mois. (l. f. d.)	Par an. (l.)	Par jour. (l. f. d.)	Par mois. (l. f. d.)	Par an. (l.)
A chaque Major des Régimens de deux bataillons, qui ne recevra rien comme Major de brigade, huit livres en temps de paix, & onze livres deux sous deux deniers deux tiers en temps de guerre, ci	8	240	2880	11 2 2⅔	333 6 8	4000
Au Chef de bataillon, cinq livres onze sous un denier un tiers en temps de paix, & huit livres six sous huit deniers en temps de guerre, ci	5 11 1⅓	166 13 4	2000	8 6 8	250	3000
Au premier Aide-major du Régiment de Sa Majesté, six livres en temps de paix, & dix livres en temps de guerre, ci	6	180	2160	10	300	3600
A chaque Aide-major avec commission de Capitaine, quatre livres trois sous quatre deniers en temps de paix, & six livres treize sous quatre deniers, en temps de guerre, ci .	4 3 4	125	1500	6 13 4	200	2400
A chaque Aide-major sans commission de Capitaine, deux livres dix sous en temps de paix, & cinq livres en temps de guerre, ci .	2 10	75	900	5	150	1800
A chacun des quatre Sous-aides-major du Régiment de Sa Majesté, deux livres quatre sous cinq deniers un tiers en temps de paix, & trois livres dix-sept sous neuf deniers un tiers en temps de guerre, ci	2 4 5⅓	66 13 4	800	3 17 9⅓	116 13 4	1400
A chaque Sous-aide-major, une livre treize sous quatre deniers en temps de paix, & trois livres six sous huit deniers en temps de guerre, ci	1 13 4	50	600	3 6 8	100	1200
A chaque Officier chargé de la Caisse, une livre treize sous quatre deniers en tout temps, ci	1 13 4	50	600	1 13 4	50	600
Au Trésorier du Régiment de Sa Majesté, huit livres six sous huit deniers en temps de paix, & onze livres deux sous deux deniers deux tiers en temps de guerre, ci	8 6 8	250	3000	11 2 2⅔	333 6 8	4000
A chaque Porte-drapeau, une livre dix sous en temps de paix, & une livre dix-huit sous quatre deniers en temps de guerre, ci	1 10	45	540	1 18 4	57 10	690
A chaque Quartier-maître, une livre dix sous en temps de paix, & deux livres quatre sous cinq deniers un tiers en temps de guerre, ci	1 10	45	540	2 4 5⅓	66 13 4	800
A chaque Tambour-major, quatorze sous en tout temps, ci	14	21	252	14	21	252
A chaque Aumônier, une livre treize sous quatre deniers en temps de paix, & deux livres cinq sous six deniers deux tiers en temps de guerre, ci	1 13 4	50	600	2 5 6⅔	68 6 8	820
A chaque Chirurgien, une livre sept sous neuf deniers un tiers en temps de paix, & deux livres au temps de guerre, ci	1 7 9⅓	41 13 4	500	2	60	720

Voulant Sa Majesté que la paye de guerre ne soit donnée qu'à ceux desdits Régimens qui serviront en campagne, à commencer du jour de leur arrivée à l'armée, jusqu'à celui de leur départ de l'armée pour rentrer dans le royaume, & que ceux qui demeureront en garnison dans le royaume pendant la guerre, ne touchent que la paye réglée pour le temps de paix.

31.

L'intention de Sa Majesté est que, comme il a été réglé précédemment, les Aides-major qui auront la commission de Capitaine, concourent, d'après la date de ladite commission, avec les autres Capitaines, pour jouir du supplément d'appointemens qui est accordé aux Capitaines de la première & de la seconde classe, dont ils feront nombre.

32.

La retenue réglée pour l'entretien du linge & chaussure continuera d'avoir lieu, conformément à l'article 50 de l'Ordonnance du 10 Décembre 1762.

33.

Veut au surplus Sa Majesté que les dispositions qui ont été faites tant pour la Masse de l'habillement, que pour celle des cinq livres pour chaque homme par an destinée aux réparations journalières, aient leur entière exécution.

L'intention de Sa Majesté étant que sur ladite Masse de cinq livres il soit donné à chaque Tambour une haute-paye de deux sous par jour; au moyen de laquelle, lesdits Tambours seront tenus d'entretenir leur caisse de peaux & de cordages, & de se fournir de baguettes.

34.

Sa Majesté ayant reconnu l'utilité d'entretenir un Maître-armurier à la suite de l'Etat-major de chaque Régiment, pour pourvoir aux réparations des armes, a réglé que ledit Maître-armurier sera engagé au moins pour deux ans, & assujetti aux peines portées par les Ordonnances; il ne fera nombre dans aucune Compagnie, & jouira de douze livres par mois, qui lui tiendront lieu d'engagement, laquelle somme sera prise sur la Masse de cinq livres.

35.

Pour parvenir à la nouvelle composition prescrite par la présente Ordonnance pour quelques Régimens, les Inspecteurs qui seront chargés de son exécution feront mettre chaque Régiment sous les armes, après avoir pris les ordres des Gouverneurs ou Commandans des provinces ou places où ils se trouveront, & en présence du Commissaire des guerres qui en aura la police.

36.

Les Inspecteurs égaliseront les compagnies de chacun desdits Régimens, & en feront une revue exacte, par laquelle ils constateront le nombre d'Officiers, de Bas-officiers & de Soldats dont lesdits Régimens seront composés; & le Commissaire des guerres fera aussi la sienne, pour servir au payement de chaque Régiment, jusqu'au jour de sa nouvelle composition exclusivement.

37.

L'Inspecteur entrera en détail sur les différentes Masses, dressera un état de leur situation, & les partagera également entre les Régimens qui seront dédoublés.

A l'égard de la Masse du linge & chaussure, elle doit suivre les Compagnies auxquelles elle se trouvera affectée.

Il établira un Quartier-maître, un Tambour-major, un Aumônier & un Chirurgien dans chacun desdits Régimens dédoublés.

38.

Il fera dresser un état des dettes personnelles des Officiers, s'il s'en trouve, lesquelles dettes doivent suivre le Régiment auquel ces Officiers seront attachés.

39.

LEDIT Inspecteur procédera ensuite à faire dresser un contrôle de tous les Officiers qui composeront chaque Régiment, contenant leurs noms, surnoms, les dates & les lieux de leurs naissances, le détail de leurs services, l'époque de leurs différens grades, enfin tous les détails qui pourront faire connoître leurs services, leurs mœurs & leurs talens.

40.

A l'égard des Régimens qui, par l'incorporation d'un autre Régiment, devront être portés à deux bataillons, l'Inspecteur, après avoir procédé dans chacun desdits Régimens à ce qui est prescrit par les articles 38 & 39, ordonnera, de la part de Sa Majesté, aux Colonels, Lieutenans-colonels & Majors des Régimens qui devront être incorporés dans d'autres, de quitter le commandement desdits Régimens. Il ordonnera le mélange des Compagnies des deux bataillons, suivant l'ancienneté des Capitaines qui se trouveront les commander, & il complettera les Bas-officiers & les compagnies de Grenadiers.

Les Chefs de bataillons & les Capitaines de Grenadiers des Régimens qui auront été incorporés, seront conservés, dans le cas même où, après l'incorporation, il se trouveroit des Capitaines dans le même Régiment dont les commissions seroient d'une date antérieure à celle desdits Chefs de bataillons & Capitaines de Grenadiers; mais ces derniers ne pourront parvenir à l'emploi de Chef de bataillon, que suivant leur rang d'ancienneté dans le Régiment où leurs Compagnies auront été incorporées.

Le Quartier-maître & le Tambour-major des Régimens qui recevront l'incorporation d'un autre Régiment devant être conservés, l'intention de Sa Majesté est que le Quartier-maître du Régiment incorporé soit entretenu à la suite du Régiment qui recevra l'incorporation en qualité de Lieutenant, qu'il jouisse du traitement qui lui est attribué, & qu'il soit remplacé à la première Lieutenance qui viendra à vaquer.

Le Tambour-major dudit Régiment incorporé sera également conservé en qualité de Tambour-major surnuméraire, jusqu'à ce qu'il puisse être remplacé, & il continuera de jouir de la solde réglée pour son grade.

A l'égard de l'Aumônier & du Chirurgien de chacun desdits Régimens incorporés qui se trouveront sans emploi, Sa Majesté veut qu'ils soient, par préférence à tous autres, remplacés dans les Régimens qui seront dédoublés.

L'Inspecteur réunira les différentes Masses des deux Régimens, & en dressera un état détaillé.

41.

S'IL se trouvoit des Capitaines dont les commissions fussent de même date, l'Inspecteur établira leur rang

suivant leur ancienneté dans le grade de Lieutenant, &
en cas d'égalité, suivant leur ancienneté dans le grade de
Sous - lieutenant; & si toutes leurs lettres se trouvoient
de même date, alors le Capitaine du Régiment qui recevra l'incorporation sera préféré. Il en usera de même pour
les Lieutenans, Sous-lieutenans & Porte-drapeaux.

42.

APRÈS que ces différentes opérations seront termi-
nées, l'Inspecteur fera dresser les contrôles par Compagnie des hommes qui les composeront, contenant leurs
noms, surnoms, signalement, le lieu & la date de leur nais-
sance, leur grade, l'époque de leur engagement, & il
adressera des doubles de ces contrôles au Secrétaire
d'État ayant le département de la Guerre.

43.

SA Majesté fera connoître ses intentions sur les unifor-
mes de ses Régimens d'Infanterie, par un Réglement par-
ticulier.

44.

L'INTENTION de Sa Majesté est qu'il soit dressé
par les Commissaires des guerres, qui seront présens
à l'exécution de la présente Ordonnance, des procés-
verbaux de la nouvelle composition des Régimens, qui y
est prescrite : Voulant Sa Majesté que la solde & les différens traitemens réglés aient lieu à commencer du jour
& de la date desdits procés-verbaux, dont il sera remis
un double signé desdits Commissaires des guerres aux

Tréforiers; voulant auffi Sa Majefté qu'il en foit envoyé des doubles au Secrétaire d'Etat ayant le département de la Guerre.

45.

SA MAJESTÉ connoiffant l'utilité dont les Chirurgiens font aux Corps où ils fervent, & voulant les y attacher de plus en plus, en leur affurant un fort lorfque leur âge ou leurs infirmités les mettront hors d'état de fervir, a bien voulu régler que tout Chirurgien qui aura fervi dans un ou plufieurs Régimens l'efpace de vingt-quatre ans révolus, & qui ne pourra plus continuer fes fervices, obtiendra, fur le compte qui en fera rendu par l'Infpecteur au Secrétaire d'Etat de la Guerre, une penfion de retraite de quatre cents livres, qui lui fera affignée fur l'Extraordinaire des guerres, & que ladite penfion de retraite fera portée à fix cents livres, s'il a continué fes fervices pendant trente ans fans interruption.

46.

VOULANT au furplus Sa Majefté que les Ordonnances & Réglemens précédemment rendus foient exécutés en tout ce qui ne fera pas contraire à la préfente.

MANDE & ordonne Sa Majefté aux Officiers généraux ayant commandement fur fes Troupes, aux Gouverneurs & Lieutenans généraux dans fes provinces, aux Gouverneurs & Commandans de fes villes & places, aux Infpecteurs généraux de fes Troupes d'Infanterie, aux Intendans dans fes provinces & fur fes frontières, aux Commiffaires des guerres, & à tous autres fes Officiers qu'il appartiendra, de tenir la main à l'exécution de la présente Ordonnance.

FAIT à Versailles le vingt-six Avril mil sept cent soixante-quinze. *Signé* LOUIS : *Et plus bas*, LE MARÉCHAL DE FELIX DU MUY.

A VERSAILLES,

DE L'IMPRIMERIE DU ROI. DÉPARTEMENT DE LA GUERRE.

M. DCCLXXV.